NOTE

SUR LA PREMIÈRE EXPÉDITION

DE BÉTHENCOURT

AUX CANARIES,

ET SUR LE DEGRÉ D'HABILETÉ NAUTIQUE

DES PORTUGAIS

A CETTE ÉPOQUE,

LUE A LA SOCIÉTÉ DE GÉOGRAPHIE DE PARIS
DANS SA SÉANCE DU 7 NOVEMBRE 1845.

PAR M. D'AVEZAC,

GARDE DES ARCHIVES DE LA MARINE ET DES COLONIES,
DES SOCIÉTÉS GÉOGRAPHIQUES DE PARIS, LONDRES, FRANCFORT, ET BOMBAY,
DES SOCIÉTÉS ASIATIQUE, SYRO-ÉGYPTIENNE, ET AFRICAINE DE LONDRES,
DES SOCIÉTÉS ETHNOLOGIQUES DE PARIS ET DE NEW-YORK,
DES SOCIÉTÉS ARCHÉOLOGIQUES D'ANGLETERRE ET D'ESPAGNE,
DE LA SOCIÉTÉ ORIENTALE,
ETC. ETC. ETC.

PARIS.

IMPRIMERIE DE BOURGOGNE ET MARTINET
RUE JACOB, 30.

1846.

NOTE

SUR LA PREMIÈRE EXPÉDITION DE BÉTHENCOURT AUX CANARIES,

ET SUR LE DEGRÉ D'HABILETÉ NAUTIQUE DES PORTUGAIS A CETTE ÉPOQUE.

—

Dans ses séances des 7 et 21 février dernier, la Société de géographie voulut bien accueillir avec quelque intérêt la communication que j'eus l'honneur de lui faire d'un travail, ancien pour moi de plusieurs années, mais encore inédit, qui avait pour objet de recueillir les indications certaines, parvenues jusqu'à nous, des découvertes faites au moyen-âge, dans l'océan Atlantique, antérieurement aux grandes explorations portugaises du xvᵉ siècle (1).

(1) L'ensemble de mon travail à ce sujet, lu à l'Académie royale des Inscriptions et Belles-lettres de l'Institut dans ses séances des 14 novembre, 5 décembre, et 6 mars derniers, est imprimé dans les *Nouvelles Annales des Voyages*, cahiers d'octobre 1845, janvier, mars et avril 1846. Les points fondamentaux en avaient été indiqués en 1833 dans l'article AFRIQUE de l'*Encyclopédie nouvelle*, successivement reproduit, à peu de différences près, en 1836 dans l'*Encyclopédie du xixᵉ siècle*, puis, sous le titre d'*Esquisse générale de l'Afrique*, en 1837 et en 1844. Le texte même du mémoire spécial que j'ai lu à la Société de géographie et à l'Institut a été inséré en 1845, moins les développements et les annotations, dans le volume des *Iles de l'Afrique* faisant partie de la grande collection historique publiée par MM. Didot sous le titre de L'UNIVERS.

(4)

Un savant étranger, qui daigne m'honorer d'une amitié à laquelle j'attache le plus grand prix, communiqua à son tour à la Société, dans sa séance du 7 mars suivant, des observations qui avaient pour but de réfuter les résultats en faveur desquels mes convictions s'étaient formées. Avec un tel adversaire, la joûte ne peut être que courtoise (1) ; et si je viens présenter aujourd'hui à la docte assemblée une réponse rapide aux observations de mon noble confrère, c'est avec la conviction qu'il ne s'élèvera entre nous aucun nuage à ce sujet, tout en conservant peut-être chacun de notre côté des convictions opposées sur des faits que l'indépendance d'esprit d'une part, et la préoccupation exclusive des gloires nationales de l'autre, ne nous permettent pas de considérer sous le même point de vue.

Malgré les précautions que j'avais prises dès l'abord pour n'effaroucher point des susceptibilités que je me fais honneur de comprendre et de respecter, je pris soin d'expliquer en diverses circonstances, au sein de la Société, dans quelles limites demeurait renfermée la thèse que j'avais soutenue, et que je viens soutenir encore devant elle.

Je rappellerai en quelques mots les principaux points que j'ai cru établir, puis les objections qui y

(1) J'aurais souhaité, cependant, ne point trouver incriminées, dans le mémoire de mon savant ami, des intentions auxquelles, j'en suis sûr, il rend, au fond de son cœur, une pleine justice : il ne me croit point, quoi qu'il dise, *invariable dans le dessein d'atténuer la gloire due aux Portugais pour leurs découvertes*, ou conduit par *l'idée préconçue d'élever la gloire des Génois sur les débris de celle des Portugais*. Je me borne à regretter ces formes de discussion : je ne me fais pas à moi-même l'injure de croire qu'aux yeux de personne j'aie besoin de les repousser autrement.

ont été opposées, et enfin les motifs qui ne me paraissent pas permettre de considérer ces objections comme fondées.

Après avoir constaté, en suivant pas à pas le récit des historiens les plus estimés des grandes navigations portugaises du xv⁰ siècle, la date certaine des explorations successives des Lusiades au long de la côte africaine; après avoir ainsi établi que le cap de Noun ne fut doublé qu'après 1415, que le cap de Bojador ne fut dépassé qu'en 1434, et que le fameux *rio do Ouro*, atteint en 1436, ne fut appelé de ce nom par les Portugais qu'en 1442; j'ai montré aussi, en suivant rigoureusement les indications de la chronique de Béthencourt, que les Français avaient visité la côte au sud du cap de Bugeder, et connaissaient le fleuve de l'Or, longues années avant que les pilotes de l'infant dom Henri eussent dépassé même le cap de Noun.

J'ai ensuite rappelé la tentative antérieure du catalan Jacques Ferrer en 1346, les voyages d'un religieux espagnol en compagnie des Arabes, l'expédition génoise de Thedisio d'Oria et des frères Vivaldi en 1285.

Et du continent passant aux îles, j'ai signalé le tracé que donnent des Açores, des Madères et des Canaries, les portulans italiens et catalans du xiv⁰ siècle, en remontant jusqu'à 1351; alors qu'il est bien connu que les Portugais n'ont commencé à reconnaître les Açores qu'en 1431, et le groupe de Madère qu'en 1419 et 1420.

Quant aux Canaries, j'ai soigneusement rappelé les visites qu'elles avaient reçues des corsaires espagnols et autres avant l'expédition de Béthencourt, et l'exploration qui en fut faite en 1341 par des navigateurs italiens au service du Portugal, et l'arrivée antérieure d'un navire français poussé par la tempête ; et rassemblant les indices que la nomenclature cartographique, l'histoire de Gênes et le témoignage exprès de Pétrarque nous ont transmis d'une prise de possession génoise plus ancienne encore, j'ai désigné le génois Lancelot Maloisel comme le premier navigateur européen connu qui ait abordé aux Canaries, dans la seconde moitié du xiiie siècle.

Une donnée générale qui se lie à ce travail, et qui a paru à notre savant confrère ne pouvoir être admise, c'est que les Normands de Béthencourt avaient la pratique de la haute mer à une époque où les Portugais ne savaient encore que caboter le long des côtes. Les faits historiques m'ont paru démontrer que le roi Denis le Libéral avait commencé l'éducation maritime de son peuple en prenant à la fois à son service, chez les Génois, un amiral héréditaire et un cadre permanent de vingt officiers habiles, mesure dont l'expédition des Canaries en 1341 a été le fruit.

Notre savant confrère, dans un travail étendu, qui a été imprimé à Lisbonne dans le *Diaro do Governo* des 5 septembre, 1er et 2 octobre derniers (1), soutient, contrairement à mes assertions, ou plutôt contrairement aux témoignages formels que j'ai produits :

1° Que l'expédition de Béthencourt, venue en cabotant jusqu'à Cadiz, ne prit la haute mer en quittant ce port, qu'avec des pilotes, des interprètes et des navires espagnols ;

(1) Une suite de ce travail a été imprimée dans le *Diario do Governo* des 20 et 24 octobre, avec l'annonce d'une continuation ultérieure. — (Cette continuation se trouve dans le *Diario* du 18 décembre, qui vient de m'être signalé à ce sujet sur l'épreuve même de la présente feuille. — 27 avril 1846.)

(7)

2° Que bien avant le passage du cap de Bojador,
bien avant le règne de Denis le Libéral, en remontant
même jusqu'au xii° siècle, les Portugais avaient une
grande puissance navale et la pratique de la haute mer.

Divers points de détail, engagés dans cette double
thèse, sont en même temps, de la part de notre savant confrère, l'objet d'allégations dont j'aurai occa-
sionnellement à examiner la légitimité.

Je vais reprendre successivement les deux propositions
principales développées dans son mémoire, en récla-
mant la bienveillante attention de la Société et l'ami-
cale indulgence de mon savant et cher confrère lui-
même. Je tâcherai d'être aussi bref que possible,
apportant toujours des textes précis à l'appui de mes
assertions.

I.

En énonçant que l'expédition de Béthencourt avait
pris *la haute mer* en quittant Cadiz, je n'avais fait que
rapporter le texte même de la chronique rédigée par
ses aumôniers. On ne conteste point le fait, mais
on en veut faire honneur à des pilotes espagnols : « Il
est palpable, dit-on, que le gentilhomme normand
vint à Cadiz et Séville pour s'informer de la route à
tenir et se pourvoir de pilotes et de matelots espagnols
afin de poursuivre son voyage ; et sa relation même
prouve que c'est avec des matelots espagnols, et, ce qui
plus est, avec des navires espagnols, qu'il arriva aux
Canaries. Comment aurait-il pu continuer sa route sans
recompléter son équipage à Cadiz, lui qui avait perdu
deux cents hommes de son monde par désertion dans
les ports d'Espagne ? Les Normands craignaient d'ailleurs de se risquer en pleine mer, ils avaient perdu

courage, ils avaient peur!(1).... On voit de plus, dans la relation, que la nef Tranchemare et la nef Morelle, et une troisième encore, étaient commandées par des Espagnols. Outre des mariniers, il fallut aussi à Béthencourt prendre des interprètes de la même nation, savoir, un nommé Alphonse et sa femme appelée Isabelle, et il ressort de la relation qu'il les embarqua à Cadiz. »

Voilà le résumé succinct de l'interprétation donnée, dans le *Diario do Governo* du 5 septembre, au récit de Béthencourt.

La réponse est facile et péremptoire; je la prends tout entière dans le texte (2) de la relation (p. 6) : « Adonc » se parti Monseigneur de Béthencourt et Messire Gadif- » fer et toute son armée de la Rochelle, le premier jour » de may mil quatre cens et deulx, pour venir ès parties » de Canare, pour veoir et visiter tout le pais en espé- » rance de conquerir les illes et mestre les gens à la foy » crestienne, avecques très-bon navire, et souffisamment » garny de gens et de vitailles et de toutes les choses qui » leur estoient nécessaires pour leur voiage ; et de- » voient tenir le chemin de Belle Isle, mais au passer » de l'ille de Ré ilz ourent vent contraire, et adressè- » rent leur voye en Espaigne, et arrivèrent au port de » Vivières,.... et y ot grant discord entre plusieurs » gens de la compaignie, tant que le voiage fut en » grant danger d'estre ronpeu. »

(1) Dans le *Diario do Governo* du 5 septembre, les mots *ils avoient peur* étaient donnés comme empruntés au texte même de la chronique de Béthencourt : cette inexactitude est corrigée dans le *Diario* du 18 décembre (p. 1277, col. 3), qui vient de m'être communiqué. — 28 avril 1846.

(2) Le manuscrit original de la chronique de Béthencourt m'ayant été obligeamment communiqué par la famille, j'ai collationné sur ce texte toutes les citations que j'avais empruntées à l'édition de Bergeron.

L'explication de cet incident se trouve donnée dans un chapitre ultérieur de la chronique (p. 18), où il est rappelé que Bertin de Berneval « avait piéça mauves-
» tié machinée en son courage », et que « quant il
» fut venu devers monseigneur de Béthencourt à la
» Rochelle, il commença à soy ralier des compagnons,
» et fit ses alliances avec plusieurs gens ; et ung pou
» après par lui fus commencée une grant dissencion
» en la nef entre les Gascons et Normans......... Et de
» là en avant commencèrent bendes et dissencions les
» ungs contre les autres, en telle manyère que devant
» que la nef partit d'Espaigne pour traverser ès ylles
» de Canare, ilz perdirent bien deulx cens hommes
» des myeux apparles qui y fussent. »

Après cette explication, revenons au récit du voyage. Arrivé à Cadiz, Béthencourt est obligé de se rendre à Séville pour répondre aux réclamations des marchands génois, plaisantins et anglais de cette ville, qui l'accusaient de leur avoir pris et coulé trois navires : « Et lui
» estant en Siville », continue le chroniqueur, « les maro-
» niers meuls de malves courages descouragèrent telle-
» ment toute la compaignie, en disant que ilz avoient
» pou de vivres et que on les menoit mourir, que
» de quatre vings personnes n'en demoura que chin-
» quante trois. Béthencourt s'en revint à la nef, et
» avecques aussi pou de gentz qui leur demourèrent
» prindrent leur voiage. »

Voilà ce que dit le texte même de la chronique de Béthencourt, et l'on avouera qu'il faut se trouver sous l'empire d'une préoccupation bien grande pour y dé-couvrir que les mariniers normands, complices de la mauvaistié de Bertin de Berneval à l'encontre des aventuriers gascons, *perdirent courage* quand il fut question de faire la traversée de Cadiz aux Canaries ; qui ne voit, au contraire, que ce sont des gens détermïnés, jaloux de ce que d'autres viennent prendre leur part du butin qu'ils se promettent, et ne négligeant aucun moyen pour les dégoûter de l'entreprise qu'euxmêmes voudraient faire seuls : voilà le *malves courages* qui les meut, la mauvaistié qu'ils ont machinée en leur *courage* ; rien, là, qui ressemble, vraiment, au manque de courage ni à la peur.

Il faut une préoccupation bien grande aussi pour découvrir dans ce texte le moindre encouragement à prétendre que Béthencourt ait recomplété à Cadiz son équipage réduit à cinquante-trois hommes par les menées de Berneval. Que pourrait-on trouver de plus net que cette déclaration : « et avecques aussi pou de gentz » qui leur demourèrent prindrent leur voiage » ?

Lors donc que la chronique continue : « Et après » se partirent du port de Calyx et se myrent en haute » mer..... et furent en chincq jours au port de l'île Gra» cieuze, » etc., il est bien certain qu'il s'agit uniquement des cinquante-trois personnes restantes de la nombreuse expédition embarquée à La Rochelle, c'està-dire des mariniers normands, et de ceux d'entre les aventuriers gascons que Bertin n'avait pu décourager. Ainsi point de mariniers ni de pilotes espagnols.

Point de navires espagnols non plus ; car c'est bien toujours la même nef partie de La Rochelle (1), où Bertin de Berneval avait semé la dissension, et à laquelle s'en revint Béthencourt après s'être débarrassé des difficultés que les marchands de Séville lui avaient suscitées. Cependant on nous désigne une nef Tran-

(1) Nef à la propriété de laquelle Gadifer avait des prétentions probablement légitimes. Voy. pp 14 et 13.

chemare , et une nef Morelle , et une autre encore , toutes commandées par des Espagnols. Je n'ai jamais songé à contester que ces navires-là fussent espagnols , j'ai eu soin , bien au contraire , de les citer en preuve des rapports fréquents entretenus par les Espagnols avec les Canaries , en même temps que j'ai cité d'autres preuves de rapports semblables de la part des Français.

Mais c'est faire une confusion évidente que de comprendre ces navires dans l'expédition de Béthencourt ; celui-ci était déjà reparti pour l'Espagne (p. 17) lorsqu'arriva au port de l'isle de Loupes (p. 20, une nef, que Bertin croyait être la nef Tranchemare appartenant à Fernand Ordoñez , mais qui se trouva être une autre nef qui s'appelait Morelle , dont Francisco Calvo avait le commandement. C'est au port de l'île Gracieuse qu'était arrivée la nef Tranchemare (p. 23), avec le patron de laquelle Bertin s'entendit, le jour de Saint-Michel (14 octobre 1402, trois mois après le débarquement de Béthencourt à Lancelote), pour piller le château de Rubicon, et enlever vingt-deux Canariens, qu'ils emmenèrent en Espagne afin de les vendre ; mais à l'arrivée de cette nef à Cadiz, Bertin fut arrêté sur la plainte du gascon Courtille, et Fernand Ordoñez se hâta d'aller *en Aragon* vendre son chargement d'hommes et d'effets dérobés.

Tout cela, comme on voit, est fort en dehors de l'expédition de Béthencourt, qui n'avait dans le principe qu'une seule nef, celle-là même qui, après avoir conduit les deux chevaliers et leurs gens aux Canaries , ramena Béthencourt à Cadiz, et se perdit dans la traversée de Cadiz à Séville, au port de Barrameda (p. 43), ce qui força Béthencourt à en demander une autre (1)

(1) Béthencourt en acheta, depuis, une autre encore (p. 163).

au roi de Castille, qui la lui accorda (page 50).

Les interprètes Alphonse et Isabelle n'étaient pas plus espagnols que les mariniers et le navire ; il suffit, pour s'en convaincre, de ce seul passage de la chronique (p. 25) : « Bertin..... détenoit deux Canares, ung » nommé Alfonce, et une fame nommée Yzabel, » les quel ledit Béthencourt avoit amenés pour estre » leur truchemens en l'ille Lancelot ». Il est même à remarquer que la femme, dont le nom revient plusieurs fois dans le cours du récit, est toujours désignée par son nom et sa nation, *Yzabel la Canare* ; et quant à Alphonse, il est en outre formellement indiqué (p. 56) comme étant le neveu d'un paien de l'île Lancelote appelé Asche, qui aspirait à en devenir roi.

Et ce n'est point à Cadiz, mais en France, comme je l'ai énoncé, que Béthencourt se les était procurés. On allègue qu'on n'a pas su découvrir dans la chronique de Béthencourt une seule phrase qui autorise à penser qu'il les amenàt de France ; la déclaration formelle n'en existe pas moins au chapitre, à la page, et dans les termes mêmes où je l'avais indiqué, c'est-à-dire au chapitre XXX, page 55, où on lit textuellement : « Et » tant s'en ala Asche, et aucuns jours après il transmist » son neveu (c'est-à-dire ce même Alphonse), lequel » monseigneur de Béthencourt *avoit amené de France* » pour estre son truchement. »

Je ne parle pas d'un autre interprète, nommé Augeron (p. 177), qui provenait suivant toute apparence des Canariens vendus en Aragon par Fernando Ordoñez, et que Béthencourt se procura plus tard en Espagne, par l'entremise du roi de Castille, lorsqu'il vint lui faire hommage des Canaries.

Ainsi, on le voit, l'expédition de Béthencourt aux

Canaries, en 1402, n'avait ni mariniers espagnols, ni navires espagnols, ni interprètes espagnols, comme on a tenté de le soutenir; mais bien des mariniers français, un navire français, et des interprètes canariens amenés de France : les textes les plus formels le constatent. Ce premier chef de discussion se trouve mis hors de doute.

Passons à l'examen du second.

II.

C'est au grand historien des navigations des Portugais, à celui qu'ils ont appelé leur Tite-Live, à Jean de Barros en un mot, que j'avais emprunté l'énonciation formelle, à propos de la tempête qui entraîna Jean Gonçalves Zarco et Tristan Vaz Teixeira à Porto-Santo en 1419, « que les mariniers de ce temps n'é-» taient point accoutumés à voguer ainsi en pleine mer, » toute leur science nautique se bornant à un cabotage » toujours en vue de terre. »

C'est donc contre Jean de Barros, plus encore que contre moi-même, qu'est dirigée l'argumentation, d'ailleurs pleine d'érudition et de savoir, à laquelle je dois répondre. Barros ayant rédigé ses *Décades* sur les documents originaux et les chroniques contemporaines, a une autorité jusqu'ici incontestée : on peut bien tenter, pour le besoin de la cause opposée, d'amoindrir sur un point donné la valeur de son témoignage; mais ce n'est que par la production de documents d'un poids égal à ceux qu'il a employés qu'il serait possible d'y parvenir, et c'est ce qui n'a pas encore été fait.

J'avais dit, au surplus, en développant les données historiques dont le témoignage de Barros confirme l'exactitude, que les navigations portugaises dans l'Atlantique ne furent d'abord que les essais graduels d'un peuple novice dans la pratique de la mer, et préludant seulement aux glorieuses destinées que lui réservaient, dans un avenir prochain, ses efforts soutenus, son audace croissante, et ses progrès merveilleux dans la même carrière. J'avais montré comment un prince éclairé, Denis le Libéral, prépara l'éducation nautique et la future émancipation maritime de son peuple, en engageant à son service, d'une manière permanente, héréditaire, d'habiles marins étrangers, ainsi que le constate un contrat du 1ᵉʳ février 1317, portant inféodation de la charge d'amiral de Portugal à la famille Pezagna de Gènes, avec charge expresse de fournir et tenir toujours au complet un état-major de vingt officiers génois, pour le commandement et la conduite de ses galères ; et j'avais considéré comme une conséquence de cet ordre de choses l'expédition faite en 1341 aux Canaries, pour le compte du Portugal, sous les ordres de capitaines italiens, posant en fait que cette expédition, portugaise au point de vue de la politique, était certainement italienne au point de vue de la science.

Mon noble et savant confrère n'a voulu accepter aucune de ces assertions, et il les a combattues avec son talent ordinaire et la richesse d'érudition qu'on lui connaît : « Barros, observe-t-il, a exagéré, sous l'empire d'anciens préjugés, l'ignorance et la crainte des navigateurs avant le passage du cap de Bojador, et ce qu'il en dit s'applique d'ailleurs, non aux seuls Portugais, mais bien à tous les mariniers de l'Europe, sans distinction. Plusieurs documents démontrent, au surplus, que les Portugais n'étaient point alors aussi arriérés que l'énonce Barros ; car Béthencourt lui-même, en

1402, avoue l'habileté de leurs pilotes; l'expédition de
1341 aux Canaries, certainement portugaise malgré la
présence de quelques Italiens, montre que les Portugais savaient dès lors naviguer en haute mer. Le choix
d'un amiral étranger en 1317 n'était qu'un fait analogue à ce qu'on a vu en France même à diverses époques;
et d'ailleurs le génois Peçanha ne fut nommé que
simple amiral des galères sous les ordres du grand
amiral de Portugal, et il avait pour collègue, notam-
ment en 1337, l'amiral portugais Gonçalo Camello.
Mais bien avant 1317 les Portugais naviguaient en haute
mer, ainsi que le prouvent leurs relations commerciales
et politiques avec l'Angleterre, constatées par nombre
de documents, tels que des lettres du 3 octobre 1308
concédant à des Portugais la faculté de résider et commercer en Angleterre; la charte marchande de 1303
portant tarif des droits à payer par les Portugais dans
les ports dudit royaume; un sauf-conduit du 17 février 1297 en faveur des marchands portugais qui al-
laient commercer en Angleterre; des lettres du 24 avril
1294 pour la nomination d'arbitres dans les discus-
sions qui naîtraient entre les marchands des deux
pays; enfin des lettres du 30 juin 1199 montrant les
relations mutuelles des deux royaumes. Aux documents de cette espèce il faut joindre les faits historiques qui témoignent de l'existence d'une puissante
marine portugaise, tels que, en 1295, l'attaque en
pleine mer de la flotte de Castille par celle du Portugal; sous le règne de Sanche II, une campagne des
forces navales portugaises sur les côtes méridiona-
les de la Péninsule; en 1190, l'arrestation d'une flotte
anglaise dans le Tage; en 1189, le concours de la flotte
portugaise à la prise de Silves par les Croisés; enfin

dès 1147, un pareil concours à la prise de Lisbonne sur les Maures. Il faut encore ajouter à tout cela les ordonnances rendues en faveur de la marine par les souverains portugais, telles qu'on en voit dans le Foral de Lisbonne dès le temps du roi Alphonse Iᵉʳ. »

Tels sont, dans leur ensemble, les arguments présentés dans le *Diario do Governo* des 1ᵉʳ et 2 octobre 1845, contre l'autorité explicite de Barros, par le savant étranger en qui se perpétue le nom de ce grand historien [1].

Ici encore ma réponse sera directe, péremptoire, fondée sur les documents et les faits mêmes que l'on m'oppose. Mais avant toutes choses, quant à la portée du témoignage de Barros, qu'il me soit permis de faire observer que les anciens préjugés dont il est le rapporteur, et dont on le dit imbu lui-même, expliquent précisément, loin de l'infirmer, l'existence de ce fait, que jusqu'en 1419 les mariniers n'osaient point s'aventurer en haute mer; et en ce qui concerne l'application générale que l'on veut faire de cela à tous les mariniers de l'Europe, sans distinction, remarquons que Barros, dont l'autorité est incontestable pour tout ce qui touche à l'histoire de ses nationaux, qu'il a écrite sur pièces, n'a plus le même poids quand il s'agit des autres peuples, surtout lorsque nous possédons des témoignages contraires formels, comme celui de la chronique de Béthencourt dont nous nous sommes occupé ci-dessus.

Ainsi, quant à la position de la question, c'est bien le degré d'habileté nautique *des Portugais* [2] qui est ca-

---

[1] Dom Manoel Francisco de Barros, visconde de Santarem.

[2] « Naquelle tempo nenhum *Portuguez* passava do Cabo de « Naō » dit expressément Antonio GALVAŌ (Tratado *dos Descobrimentos*, p. 20) quand il parle des premières expéditions de découverte envoyées par l'infant Dom Henri.

ractérisé par Barros, à l'époque de 1419, en ces termes :
« Os marinheiros naquelle tempo nam eram costuma-
» dos a se engolfar tanto no peguo do mar, e toda sua na-
» vegaçam era per singraduras sempre à vista de terra. »

Béthencourt est loin de contredire cette affirmation
lorsqu'il énonce : « Que se aucun noble prince.... vou-
» loit entreprendre aucune grant conqueste par deçà
» [du destroit de Maroch en venant vers les Illes]......
» ilz le pouroient faire à pou de frais, car Portugal et
» Espaigne et Arragon les fournyroient pour leur ar-
» gent de toutez vitailles et de navire plus que nul
» autre pais, et auxi de pillots qui scevent les pors et
» les contrées ». Rappelons d'abord qu'il n'est question là que de la plage qui s'étend jusqu'au cap de Cantin, puisque, à partir de ce point, c'est Béthencourt
lui-même qui ira « visiter la contrée de la terre-ferme
» du cap de Cantin jusques au cap de Bugeder,.... pour
» veoir s'il pourra trouver aucun bon port », etc.

Cette côte, jusqu'au cap de Cantin, était en effet con-
sidérée comme une plage espagnole, et c'est en ce sens
que le mot *plaga*, *plages*, *plazie*, *piaggie* ou *spiaggie*
se trouve constamment inscrit vers le milieu de cet es-
pace sur les cartes nautiques, portulans ou compas des
xive et xve siècles. Balducci Pegolotti, dans son livre
de la *Pratica della mercatura*, écrit vers 1340, et rem-
pli d'indications curieuses sur le commerce des Euro-
péens avec cette partie du royaume de Maroc, n'oublie
jamais, en indiquant les villes africaines qui y sont as-
sises, savoir *Arzilla*, *Salé*, *Zamurro*, *Zaffi* et *Niffe*,
de toujours accompagner le nom de chacune d'elles de
cette désignation, *delle piagge di Spagna*. Or, il n'est pas
sans intérêt de remarquer ici que les seules places de
commerce, en Europe, que Pegolotti nous désigne

comme ayant des relations avec ces *Piagge di Spagna*, sont Mayorque, Pise, Gênes, Bruges et Séville. En rapprochant ceci du texte de Béthencourt tout-à-l'heure invoqué, on serait en droit de conclure que c'est Mayorque et Séville, c'est-à-dire Aragon et Espagne, à l'exclusion de Portugal, qui pouvaient fournir des pilotes pour cette destination. Que l'on prenne garde en outre, dans ce même texte de Béthencourt, au parallélisme des mots *Portugal*, *Espagne* et *Aragon* d'une part, *victuailles*, *navires* et *pilotes* de l'autre, et l'on pourra se croire autorisé à penser que la chronique entend parler du Portugal pour ses vivres, de l'Espagne pour ses navires, et de l'Aragon pour ses pilotes; et ce n'est point là une simple fantaisie d'imagination, car les cartes catalanes viennent corroborer par leur propre existence celle des pilotes d'*Aragon*; les relations commerciales de Séville constatées par Pegolotti prouvent l'intercourse des navires d'*Espagne*; et nous venons de voir que le *Portugal* n'est point compris dans l'énumération des puissances naviguant en ces parages. Nous voulons bien cependant ne pas insister sur les déductions rigoureuses à tirer de ces prémisses : nous concéderons que le Portugal pouvait avoir des pilotes qui allassent jusqu'au cap de Cantin. Mais en résultera-t-il que ce fût autre chose que des caboteurs, et qu'il soit permis de se faire de leur hypothétique habileté un argument contre la déclaration expresse de Barros?

L'expédition de 1341 aux Canaries, si elle eût été conduite par des marins portugais, pourrait être invoquée avec un peu plus de fondement; car elle fit son trajet par la haute mer, comme celle de Béthencourt. Aussi mon savant confrère insiste-t-il à plusieurs reprises sur la nationalité portugaise de cette expédition, et s'étonne-t-il grandement que j'aie osé faire une distinction si étrange, que de l'attribuer politiquement au Portugal, et scientifiquement aux Italiens qui la conduisaient. Il aurait voulu me voir « prou- » ver d'abord que les Portugais ne pouvaient par eux- » mêmes entreprendre cette expédition, qu'ils étaient » dépourvus de marine, d'officiers, de pilotes, que leurs » mariniers ne savaient point naviguer, et ne l'avaient » pas déjà fait loin des côtes et par la haute mer.... » — C'est trop exiger et renverser les rôles ; c'est même déplacer tout-à-fait la question : il ne s'agit point de savoir ce que les Portugais peuvent être supposés avoir été capables de faire ou de ne pas faire, il s'agit de savoir s'ils ont ou non fait l'expédition de 1341. Oui, absolument, affirme mon docte confrère ; non, affirmé-je à mon tour ; non, pas autrement qu'au point de vue politique. Les chefs de l'expédition étaient italiens, et l'on ne prétendra point, je pense, que c'est en Portugal qu'ils avaient reçu leur éducation nautique, lorsqu'il est bien connu que pour fonder beaucoup plus tard une école portugaise, il fallut que le prince Henri appelât à grands frais à Sagres le catalan Jacques de Mayorque. Mais les équipages, dira-t-on, étaient sans doute portugais. Non encore : c'étaient des Génois, des Florentins, des Castillans, et autres Espagnols (1) ; mais vous n'y trouverez pas mention d'un seul Portugais. N'invoquez donc plus, contre le témoignage de Barros, l'habileté de vos marins de 1341, puisque ces marins de 1341 n'étaient pas des marins portugais.

(1) « Homines Florentinorum, Januensium, et Hispanorum Cas-
» tensium, et aliorum Hispanorum. »

L'appel que le roi Denis avait fait à l'habileté maritime des Génois, constaté par le contrat de 1317 avec Emmanuel Pezagno, est représenté comme un fait sans portée, analogue à ces accidents de faveur ou de fortune qui dans divers pays ont pu élever des étrangers à la dignité d'amiral. C'est méconnaître les faits : dans un cas il ne peut être question que d'un homme isolé, d'une circonstance transitoire; dans l'autre, gardons-nous de l'oublier, c'est de tout un état-major maritime, c'est d'un système permanent qu'il s'agit, et le roi Denis croyait aviser ainsi « au service de Dieu et au sien propre, au profit et à l'honneur de son pays (1). »

Cependant cet amiral héréditaire, on voudrait le réduire aux proportions d'un personnage secondaire sous les ordres d'un grand amiral ! Mais les historiens portugais disent que c'est précisément à la mort de Nuno Fernandes Cogominho, lequel s'intitulait *Almirante mór*, qu'Emmanuel Pezagno fut appelé à lui succéder, et toujours ils le désignent comme unique *Almirante de Portugal*, tandis que ce même Gonçalvo Camello, qui a été cité comme son collègue et son égal, ne se trouve décoré d'autre titre que de celui de *capitaine*, qui était le premier grade de l'armée navale au-dessous de l'amiral. Sous Lancelot Pezagno, fils d'Emmanuel, c'est le castillan Jean Focim qui était près de lui *capitam da Frota*.

Au surplus, le titre d'Almirante mór ou grand amiral ne paraît pas avoir manqué à Emmanuel Pezagno lui-même; car on trouve dans les historiens portugais

(1) « Entendendo por serviço de Deos e meu, e prol e onrra da
» mha terra, d'aver obrigado vos miçer Manoel Peçagno de Genoa
» e vossos sucessores pera ficardes na mha; terra por meu Almi-
» rante. »

la citation d'un acte, daté de Lisbonne le 17 avril 1342, par lequel le roi de Portugal fait octroi à son almirante môr Manoel Passano de l'administration de quelques biens ecclésiastiques (1).

Voyons maintenant si l'habileté nautique et la puissance maritime que mon savant collègue attribue aux Portugais antérieurement à la nomination d'un amiral génois héréditaire sont aussi bien établies qu'il le croit par les trois ordres de preuves qu'il a alléguées en faveur de sa thèse.

Et d'abord, quant aux rapports commerciaux avec l'Angleterre, nous pourrions nous borner à faire observer que l'existence de ces rapports n'impliquerait nullement une marine considérable ni la pratique de la navigation en haute mer. Mais les documents allégués méritent d'être passés en revue, parce qu'ils apportent précisément des arguments contre cette double prétention.—Ainsi les lettres du 30 juin 1199, les plus anciennes que l'on ait citées, sont un passeport donné par le roi d'Angleterre aux envoyés portugais qui étaient venus le trouver à Carentan en Normandie, et devaient traverser ses États d'Aquitaine pour s'en retourner chez eux. — Les lettres du 24 avril 1294, relatives à certains différends survenus entre les marchands de Portugal et de Bayonne, contiennent cette

(1) *Monarquia lusitana*, parte VII, liv. X, cap. III, n° 2, p. 495. — On peut voir, du reste, dans les *Noticias de Portugal* de Severim de Faria (*Disc.* II, §§ 13, 14), ce qui est dit des attributions et du rang hiérarchique de l'*Almirante* et du *Capitaó môr do mar*, dont le « premier » ficava general de todas as frotas a armadas do reino » tandis que le second « devia ser ordenado em ausencia do Almirante....., E parece que em ausencia do Almirante devia fazer o « officio. »

stipulation très digne de remarque : « Et super hoc,
» memorati procuratores et nuncii de Portugaliâ,
» quiâ ad vehendas merces et bona sua ad terras et loca
» diversa navibus non abundant, rogant ut Baionen-
» ses seu alii de dominio nostro eis naves ad vehendas
» merces et bona sua, cum indiguerint, pro suo dando
» ministrent, promittentes iidem procuratores et nun-
» cii se prædictis Baionensibus et aliis de dominio
» nostro naves ad partes Portugaliæ ducentibus plus
» daturos pro naulo quam aliis quibuscumque ». Cela
est trop significatif pour que nous ayons besoin d'y
rien ajouter. — Les lettres du 17 février 1297 adres-
sées aux officiers anglais en Gascogne ont aussi pour
objet les relations commerciales entre le Portugal et
Bayonne.

Jusque là, il n'existe aucune trace du commerce
direct avec l'Angleterre proprement dite ; on ne com-
mence à en voir poindre quelques indices qu'au xiv[e]
siècle : la charte marchande du 1er février 1303 com-
prend les Portugais dans l'énumération générale des
marchands étrangers admis à trafiquer au royaume
d'Angleterre ; et les lettres du 3 octobre 1308 décla-
rent que, à la demande du roi Dom Denis, il sera ac-
cordé un sauf-conduit aux marchands portugais qui
viendraient en Angleterre. Mais il n'y a rien là qui
autorise à penser que le Portugal eût ni une marine
nombreuse ni des marins habiles.

Quant aux faits historiques allégués en preuve de la
même thèse, ils sont loin d'être plus concluants.
Qu'un certain nombre de bâtiments portugais se fussent
joints aux flottes des Croisés normands et autres, aux-
quels la couronne du Portugal dut la prise de Lisbonne
en 1147, celle de Silves en 1189 (et même la conquête

de l'Algarve en 1197) ; —que les équipages de la flotte anglaise ancrée devant Lisbonne aient été arrêtés en 1190 au milieu des désordres qu'ils commettaient *à terre* (1) ; — qu'une flotte portugaise se soit tenue sur la côte d'Andalousie au temps du roi Sanche II ; —enfin, qu'un certain nombre de galères de Lisbonne aient poursuivi jusqu'à la mer, en 1293, des vaisseaux castillans qui étaient venus enlever à leur vue, dans le Tage, quelques navires chargés de marchandises : — rien, certainement, dans tout cela, ne démontre ni une grande puissance navale ni la connaissance de la haute mer.

Il en est tout-à-fait de même pour la preuve tirée des encouragements donnés à la marine par le roi Alphonse Ier. Ce prince, nous dit-on, « fit de gran-
» des concessions aux mariniers, et en général à tous
» ceux de ses vassaux qui se consacreraient à cette
» carrière, reconnaissant la dignité de cette profession
» par une augmentation de leurs priviléges, et élevant à
» la dignité de chevaliers les capitaines et les construc-
» teurs de navires (2) ». Voilà, en effet, des conces-

(1) « Fecharaòe...... as portas da cidade, et 700 Ingreses que se » acharaò nella foraò logo presos et encarcerados ». (*Monarchia Lusitana, Quarta parte*, liv. XII, cap. xiv, fol. 22, col. 4).

(2) Ceci est indiqué comme tiré du *Foral* de Lisbonne, que l'on m'a reproché de n'avoir pas moi-même cité. Je dois déclarer que, malgré tous mes efforts, je n'ai pu parvenir à en découvrir un seul exemplaire dans nos bibliothèques publiques, bien que l'active obligeance des conservateurs en ait fait l'objet d'une recherche spéciale. — Que s'il est question seulement d'un passage de ce Foral, déjà cité par Schaefer (*Geschichte von Portugal*, Band I, S. 66, not. 2) d'après l'*Elucidario* du frère Joachim de Santa-Rosa (verbo *Alcaide do Navio*, tomo I, p. 74, col. 1), j'aurai à faire observer que le frère Santa-Rosa, qui cite en même temps un passage sembla-

sions magnifiques, et qui démontrent suffisamment, ce nous semble, qu'il n'y avait alors en Portugal ni marins ni navires, puisqu'il fallait de tels encouragements pour en faire naître ; et il ne paraît pas que ces encouragements mêmes, tout énormes qu'ils fussent, aient porté le fruit qu'on en espérait ; car la chronique du roi Ferdinand par Fernam Lopes (1) nous montre combien il y avait, même sous son règne, peu de dispositions chez les Portugais pour les armements maritimes, puisqu'il lui fallut encore, pour les encourager, recourir à la concession des priviléges les plus exorbitants.

Rien donc, dans tous les arguments qui se sont produits jusqu'ici, ne contredit l'énonciation formelle de Barros, qu'on ne savait en Portugal, jusqu'en 1420, que caboter le long des côtes.

Ainsi, en définitive, nulle objection solide ne me paraît être venue atténuer la foi due aux témoignages exprès sur lesquels s'appuie mon travail, et mon devoir est de maintenir mes conclusions dans toute leur intégrité.

Paris, novembre 1845.

ble du Foral de Villa-Rei, énonce lui-même qu'il s'agit là respectivement des barques du Tage et de celles du rio Zezere. — Au surplus, pour le dire en passant, l'explication matérielle de ces passages donnée par Santa-Rosa, et suivie par Schæfer et autres, n'est point exacte, ainsi que l'a annoté João Pedro RIBEIRO dans ses *Correcçoens ao Eluci-dario.* (Voir les *Dissertaçoens chronologicas e criticas sobre a historia e urisprudencia ecclesiastica e civil de Portugal*, tomo IV, p. 2, Appendice VI, p. 130).

(1) *Ineditos de Historia portugueza*, tomo IV, pp. 319 e seg., cap. XC : « Dos privillegios que el rei Dom Fernando deu aos que « comprassem ou fazessem naos. »

Post-Scriptum.

C'est seulement pendant l'impression des pages qui précèdent qu'est venu à ma connaissance l'article inséré dans le *Diario do Governo* de Lisbonne, du 18 décembre 1845 (n° 298, pp. 1277, 1278), résumant et appuyant de quelques considérations nouvelles l'argumentation contenue dans le *Diario* du 5 septembre à l'égard de l'expédition de Béthencourt.

Il y est soutenu que « Béthencourt visita sans doute les divers ports de l'Espagne pour y prendre des informations sur la route à tenir, et probablement afin de se pourvoir de pilotes à Cadiz, qui était en possession d'en fournir aux navires faisant la traversée du levant au ponent. Quel motif aurait eu, sans cela, Béthencourt pour ne point aller en droiture de chez lui aux Canaries? Mais ses matelots avaient perdu courage (*perderam o animo*, cela est encore répété), et puisqu'il *emmena dès lors d'Espagne un interprète* que lui procura le roi de Castille, comme le déclare sa propre relation (p. 177), pourquoi n'aurait-il pas aussi pris à Cadiz des pilotes expérimentés? Il y a même presque certitude qu'il le fit, car Azurara dit avoir trouvé, dans d'anciens documents, que Béthencourt s'était procuré en Castille des navires et plus de monde qu'il n'en avait amené. »

Cette argumentation est habile et spécieuse ; mais elle est basée sur une équivoque, et n'oppose, en général, que des conjectures et des insinuations au témoignage formel des textes.

La chronique de Béthencourt nous fait connaître que ce seigneur, arrivé aux Canaries pour la première fois en juillet 1402, retourna en Espagne dans la première quinzaine d'octobre au plus tard, y passa toute l'année 1403, y fit hommage au roi de Castille, de qui il obtint des secours en munitions, hommes et navires, pour aller faire la conquête des îles, et revint à Lancelote au commencement de février 1404. Ayant fait un nouveau voyage en Espagne quelques mois après, il fut de retour à Fortaventure le 7 octobre 1404; puis, reparti des Canaries le 31 janvier 1405 pour un voyage en Normandie, il revint aux îles au mois de juin suivant, et les quitta enfin pour la dernière fois le 15 décembre 1405.

Il est essentiel de ne pas confondre ces divers voyages.

Dans le premier, Béthencourt est réduit à ses seules forces, telles même que la désertion fomentée par Bertin de Berneval les avait faites, c'est-à-dire à cinquante-trois personnes; et c'est avec ce *pou de gentz* restés fidèles qu'il part de Cadiz. Voilà ce que le texte de la relation dit expressément, et il est dès lors superflu de se livrer à des conjectures, quelque ingénieuses qu'elles puissent être, au soutien d'une hypothèse directement contredite par une déclaration aussi formelle.

Dans le second voyage, au contraire, Béthencourt amène les renforts et les secours de toute espèce qu'il a obtenus du roi de Castille Henri III; c'est alors, mais seulement alors, qu'il est possible et exact de dire que les éléments de son expédition sont espagnols : munitions, navire, matelots, il a eu tout cela, en effet, de son nouveau suzerain, et l'on peut raisonnablement supposer qu'il en a été de même de l'interprète Augeron, que le roi de Castille lui fit avoir d'Aragon, ainsi que je l'ai moi-même déjà rapporté ci-dessus (p. 12).

Il n'en est question, toutefois, que beaucoup plus

tard, lors de la conquête de l'île de Fer en novembre 1405, pendant la quatrième expédition de
Béthencourt; mais il est rappelé à cette occasion que
Béthencourt l'avait eu précédemment. Toujours est-il
qu'on ne l'avait point encore lors de la première re-
connaissance de l'île de Fer en janvier 1404, comme
on le voit expressément marqué dans la relation (p. 77) :
« ne sont or en droit que pou de gens,...... mais ceulx
» qui y sont à présent fussent venus *s'il y eut quelque*
» *truchement*. — S'y a, *depuis*, trouvé manière d'avoir
» ung truchemen qui sache le pais et parler le langaje
» pour entrer en icelle isle et és aultres. »

Toute l'argumentation du nouvel article du *Diario do
Governo* ne repose donc, comme on voit, que sur
l'équivoque résultant d'une confusion du second voyage
de Béthencourt avec le premier.

3o avril 1846.

www.ingramcontent.com/pod-product-compliance
Lightning Source LLC
Chambersburg PA
CBHW051351050726
47595CB00006B/2509